Linguaggio Del Corpo

Come Padroneggiare L'arte Della Comunicazione
Non Verbale

(Leggete il Linguaggio del Corpo delle Persone
per Avere Successo nelle Relazioni)

Ezio Boni

Traduzione di Daniel Heath

© **Ezio Boni**

Todos os direitos reservados

ISBN 978-1-989808-95-5

TERMINI E CONDIZIONI

INDICE

Parte 1

Introduzione

Voglio ringraziarvi e complimentarmi con voi per aver scaricato il libro.

Il linguaggio del corpo dice più delle parole. In effetti, solo il 20% circa delle comunicazioni effettive deriva da ciò che dici. Il resto è tutto sul linguaggio del corpo. In modo sorprendente, molte persone evitano altre persone perché non capiscono come usare il linguaggio del corpo a loro vantaggio.

Per essere in grado di capire gli altri e capire quale sia la verità dietro le loro parole, devi semplicemente essere in grado di capire il linguaggio del corpo.

Ora puoi imparare tutto! Questo libro non solo ti aiuterà a imparare passi e strategie collaudate su come apparire più sicuro e attraente, diventerai effettivamente più sicuro sviluppando nuove abitudini che faranno riflettere il tuo linguaggio del corpo in un'atmosfera forte e positiva.

Imparerete:

-Suggerimenti incredibili che miglioreranno immediatamente il tuo linguaggio del corpo
-Come apparire più alto
-Come fare gesti della mano e del braccio destro
-Come leggere in modo accurato il linguaggio del corpo di altre persone
Emolto altro!

In definitiva, questa guida consentirà alla tua straordinaria personalità di attraversare e abbattere le barriere della comunicazione con un ottimo linguaggio del corpo. In pochissimo tempo, avrai la fiducia che hai sempre desiderato. Inizia tutto da qui.

Grazie ancora per aver scaricato questo libro, spero che ti piaccia!

Capitolo 1: Il Ruolo Principale del Linguaggio del Corpo

Sappiamo tutti che la comunicazione è più delle nostre parole, fluidità e intonazione. Il linguaggio del corpo ha l'impatto più tremendo sul nostro messaggio, anche prima di pronunciare una sola parola.

Ogni volta che conversiamo con qualcuno vis-a-vis, non ci basiamo solo su ciò che dicono e su come lo dicono, ma anche sui segnali che provengono dai loro occhi, mani, braccia, gambe e persino come si posizionano in piedi o seduti. Allo stesso tempo, loro si affidano anche a ciò che dice il tuo corpo.

Sfortunatamente, molti di noi non sono consapevoli dei segnali e dei gesti mentre comunichiamo con altre persone. Se filmiamo noi stessi mentre parliamo con qualcun altro e poi lo riproduciamo, saremo scioccati da come ci siamo comportati.

Ad esempio, se sei un nuovo venditore e stai cercando di convincere un cliente ad acquistare un determinato prodotto, potresti notare che le tue espressioni facciali erano davvero tese se ti guardavi dopo essere stato videoregistrato.

In effetti, guardando una videocassetta di quando stavi cercando di fare una vendita, le tue spalle potrebbero essere ingobbite dall'ansia e potresti notare altri indizi che ti lasciano l'ultima impressione che vuoi fare quando vuoi fare vendite.

Ciò che questo esempio ci mostra è che il nostro linguaggio del corpo è un riflesso di come ci sentiamo veramente dentro. Ogni movimento e gesto rivela come ci sentiamo in quel particolare momento.

Se vieni improvvisamente avvicinato dalla persona da cui sei stato attratto per anni, potresti improvvisamente sentirti impacciato e iniziare a evitare di guardare direttamente la persona o cercare di lisciare i vestiti troppe volte.

Il linguaggio del corpo è difficile, se non del tutto impossibile, da fingere. Anche se provi a seguire i gesti principali che dovrebbero riflettere l'emozione che vuoi che gli altri percepiscano, i tuoi micro gesti ti tradiranno ancora.

Un esempio del potere del linguaggio del corpo è reso chiaro se immaginate di mentire su qualcosa e sapete che se tenete i palmi aperti, che la persona a cui state mentendo penserà che state dicendo la verità.

Allo stesso tempo stai manipolando il linguaggio del corpo delle tue mani mentre sei sdraiato, una delle sopracciglia potrebbe sollevarsi involontariamente o l'angolo della bocca potrebbe contrarsi. Entrambi sono segni che sei teso e nascondi qualcosa, che in questo caso è la verità. Una persona osservante lo noterà e saprà che non sei sincero.

Quindi, come guadagni più sicurezza attraverso il linguaggio del corpo?

La chiave per migliorare il tuo linguaggio corporeo è la pratica costante. Più ti eserciti a migliorare il tuo linguaggio del corpo per apparire più sicuro, più sarai sicuro di te. Questo perché il subconscio inizierà a credere nel tuo corpo rispetto a quanto sicuro di te sei.

Il fatto è che quando le persone adattano i modelli comportamentali - inclusi i gesti e i movimenti - di una persona sicura, alla fine lo diventeranno anche loro. Semplicemente non puoi farci niente. Puoi provarlo per te adesso. Metti un sorriso sul tuo viso e in pochi secondi noterai che il tuo umore migliora.

Mentre sperimenti con il tuo sorriso, puoi iniziare i prossimi 10 capitoli. Questo capitolo ti introdurrà a 10 competenze linguistiche del corpo non ovvie che ti faranno apparire più sicuro.

Capitolo 2: Il Sorriso Sicuro

A proposito di sorrisi, quando incontri qualcuno, il loro viso di solito è la prima cosa che noti su di loro mentre tutto il resto segue. Riflettendo sui tempi in cui hai parlato con qualcuno, riesci a ricordare quali erano le tue espressioni facciali, specialmente quando hai incontrato qualcuno nuovo?

Inoltre, riesci a ricordare ciò che l'altra persona potrebbe ricordare di te? Sorridi? Ed ecco una domanda ancora più importante: Come è il tuo sorriso?

Ci sono diversi tipi di sorrisi, ma il sorriso fiducioso è genuino. Un sorriso sincero è quello che crea le rughe intorno agli occhi, mentre un falso sorriso è limitato ai muscoli della bocca.

Per essere più precisi, un sorriso genuino fa sollevare le guance e si solleva, lasciando che le sopracciglia si abbassino leggermente e allargando i muscoli della bocca. Puoi mostrare o meno i denti; ciò è comprensibile per le persone che non sono molto orgogliose dei loro denti.

Per apparire più fiducioso, devi tirare fuori il tuo sorriso genuino. Questo mostrerà alle persone che sei abbastanza sicuro da essere cordiale. Non sorridendo o, peggio, avere un'espressione accigliata costante (in cui gli angoli della bocca sono entrambi tirati verso il basso) ti farà apparire negativo e farà sì che le persone ti evitino.

Un sorriso nervoso (in cui la bocca non è completamente tirata agli angoli ma allargata e la metà interna delle sopracciglia è sollevata, come se stesse supplicando) farà credere alla gente che non sei nè sicuro nè insicuro.

È importante notare che sorridere può avere un effetto positivo sulle persone con cui stai conversando. La ricerca ha dimostrato che le persone che sorridono regolarmente spesso ricevono reazioni più positive dagli altri rispetto alle persone che sorridono raramente.

In effetti, l'atto stesso di sorridere ti farà già sentire più positivo e fiducioso. Probabilmente lo hai già dimostrato a te stesso provando l'esperimento del sorridere del capitolo precedente. Se non ti prendi il tempo per farlo, prova a farlo ora per vedere quanto è efficace.

Tuttavia, alcune persone vedono l'atto del sorridere come un segno di sottomissione. Questo è il motivo per cui certe persone di potere non sorridono; fondamentalmente non vogliono apparire sottomesse. A volte, sorridere troppo può anche essere un segno di nervosismo. In questo senso, gli psicologi sociali consigliano alle donne di non sorridere spesso quando sono in presenza di un uomo dominante in un contesto aziendale perché il sorriso viene percepito in modo subliminale per rendere una persona meno autorevole. Allo stesso modo, gli uomini che desiderano convincere le donne sono invitati a sorridere più spesso al fine di ottenere il loro favore e aiutarli a sentirsi più a proprio agio e sicuri.

In poche parole, un sorriso sincero aumenterà le tue possibilità di vincere su qualcuno, portando una vibrazione positiva tra te e l'altra persona. Ciò condurrà ad una conversazione più ricca che andrà avanti più agevolmente. Sorridi più spesso con le donne in generale, ma limita il tuo sorriso quando si deve trattare con gli uomini nel mondo degli affari.

Capitolo 3: Contatto Visivo Reale

Gli occhi sono tanto espressivi quanto la bocca quando si tratta di trasmettere un messaggio, motivo per cui è necessario prestare attenzione ai propri segnali visivi. È difficile riuscire ad avere il controllo di come i nostri occhi rispondono durante la comunicazione. Ad esempio, le pupille si dilatano o si contraggono a seconda dell'umore o dell'atteggiamento, di ciò che ci viene comunicato e di ciò che intendiamo comunicare agli altri.

Quando siamo eccitati, le pupille possono dilatarsi quattro volte di più rispetto alle dimensioni normali. Quando siamo arrabbiati, le pupille si contraggono e vengono solitamente definiti "occhi piccoli". Più chiaro è il colore degli occhi, più è facile per le persone vedere la dilatazione.

Si tratta di Contatto Visivo

Il contatto visivo sembra un'abilità ovvia e semplice quando si tratta di mostrare sicurezza, ma in realtà è piuttosto difficile da padroneggiare. Ad esempio, per mostrare sicurezza mentre cammini, fai pratica guardando avanti in avanti con il mento verso l'alto e la schiena dritta.

Dovresti sempre evitare di guardare in basso a meno che il terreno non lo renda assolutamente necessario. Questo perché mentre guardi verso il basso sembrerai essere riservato e insicuro. Guardando in basso si incurvano anche le spalle, che istantaneamente ti fanno sembrare avere poca autostima.

Le persone non si fideranno di te quando guarderai in basso perché sentiranno che nascondi qualcosa. Oppure, diventeranno insicuri credendo che tu stia cercando di evitarli e questo li allontanerà anche dall'avere una relazione cordiale con te.

Quando stai conversando con qualcuno, mantieni un contatto visivo più naturale simile a come guardi i tuoi amici mentre parli con loro. Evita di fissare gli occhi della persona per tutto il tempo perché sembrerà un po' troppo forzato o aggressivo.

Un contatto visivo più naturale con te dato che chi parla dovrebbe guardare gli occhi della persona l'80% delle volte, e poi l'occhio dovrebbe spostarsi in un'altra direzione soltanto per un tempo breve per sottolineare un punto.

Se sei l'ascoltatore, mantieni il più possibile il contatto visivo con la persona e allontana gli occhi solo per guardare le sue mani ogni volta che fanno un gesto specifico che fa parte della conversazione.

Se trovi difficile guardare la persona negli occhi, la cosa migliore da fare è guardare il loro naso. Anche se non pensi che sarà efficace, rimarrai sorpreso se lo proverai con un amico e vedrai se lui o lei può dire la differenza.

Capitolo 4: Gesti Manuali di Sicurezza di Sè

Le nostre mani sono estremamente utili per noi e sono spesso utili per la nostra evoluzione. La scienza ha anche sottolineato che le nostre mani hanno il maggior numero di connessioni con il cervello rispetto alle altre parti del corpo.

Se gli occhi sono finestre per la tua anima come dice il vecchio proverbio, le tue mani sono le finestre della tua mente poiché spesso agiranno apparentemente da sole mentre tenterai di comunicare con gli altri. Molte persone non sono consapevoli di come si comportano le loro mani dato che agiscono da sole. Questo rende facile per l'altra persona leggere come si sentono. Ci sono due aspetti importanti da considerare quando si migliorano le abilità linguistiche corporee delle mani, e questi sono i gesti della tua mano e la tua stretta di mano.

Gesti a Palmo Aperto

Il palmo aperto è universalmente percepito come un segno di onestà, sottomissione e lealtà. Questo può funzionare a tuo vantaggio quando sei alla ricerca di qualcuno che potrebbe mentirti. Basta controllare se stanno mostrando i loro palmi o no; se sono veritieri, è più probabile che lo facciano.

Se nascondono le loro mani, non significa sempre che non siano sinceri, ma è un buon segnale quando sospetti che siano disonesti. Nota come i bambini mettono i palmi delle mani dietro la schiena quando mentono o nascondono qualcosa.

La posizione "Palmo Verso l'Alto" viene spesso utilizzata anche quando si desidera apparire cordiali e non minacciosi. Questo è il gesto ideale ogni volta che chiedi qualcosa a qualcuno o ti rivolgi ad altri senza sembrare autoritario.

Esporre i palmi delle mani è anche il gesto corretto quando vuoi far sapere alla persona che ti aspetti che loro parlino e che sei pronto ad ascoltarli.

Mentre ti rivolgi a un pubblico, è meglio usare la posizione del palmo verso l'alto. Guadagnerai fiducia più facilmente e sembrerai più cordiale. Per questo motivo, le persone hanno maggiori probabilità di ascoltarti e di andare d'accordo con te. Pertanto, come regola generale, utilizzate la posizione del palmo verso l'alto più spesso rispetto a quella del Palmo Verso il Basso.

Un'altra posizione che vorrete limitare è la posizione Palmo Chiuso con Dito Puntato, molte persone lo trovano un gesto di insulto e avrete una risposta negativa. Questo si basa su uno studio in cui l'oratore che spesso utilizzava la posizione del palmo verso l'alto otteneva il favore del pubblico, mentre gli oratori che usavano frequentemente gli altri due ricevevano feedback negativi e persino c'erano persone che uscivano dal discorso.

Se trovi difficile uscire dall'abitudine di puntare costantemente le dita o di tenere in basso i palmi delle mani, l'alternativa è di assumere una posizione di "OK" in cui le punte di tutte le dita toccano il polpastrello del pollice. Questo sarà più "focalizzato" anziché aggressivo. A meno che non ti trovi in Brasile, dove è considerato un gesto molto maleducato.

Un altro gesto della mano comune è quello di mettere le mani in tasca. Dato che le mani possono essere fredde, questo gesto è percepito come un altro modo di nascondere i palmi a causa della necessità di sentirsi protetti.

Se hai l'abitudine di tenere le mani in tasca, prova a trattenerti dal farlo e metti invece le mani sui fianchi; ciò ti farà sembrare più fiducioso.

Capitolo 5: Stretta di Mano Fiduciosa

Nei tempi antichi, veniva usata una stretta di mano per mostrare all'altra persona che non stavano impugnando alcuna arma. Al giorno d'oggi, la stretta di mano è diventata un mezzo per salutare o dire arrivederci ad un'altra persona. Viene anche usato per sigillare un accordo commerciale tra persone di status uguale, in particolare nelle culture occidentali.

Il motivo principale per cui le persone non iniziano con le strette di mano sarebbe dovuto all'incertezza della situazione. In effetti, ci sono momenti in cui una stretta di mano deve essere evitata. Certe culture (come quelle nella maggior parte dei paesi musulmani) ti proibiscono di stringere la mano a una donna, ad esempio, perché è considerato maleducato.

Il miglior consiglio quando si tratta di avviare una stretta di mano è di leggere i gesti dell'altra persona: se sembrano felici di incontrarti, vai avanti. Se sembrano forzati, è meglio salutarli con un piccolo cenno.

Come Dare una Stretta di Mano Fiduciosa

Esistono generalmente tre tipi di stretta di mano:

-Dominante

-Remissiva

-Uguale

La stretta di mano dominante consiste nel posizionare la mano su quella dell'altra persona con il palmo rivolto verso il basso. Questo costringerà l'altra persona ad avere una posizione a Palmo in Su, che è un segno di sottomissione. La stretta di mano dominante è anche molto ferma, e quando è eccessivamente aggressiva può sembrare quasi come schiacciare la mano dell'altra persona.

La stretta di mano remissiva è l'opposto di quella dominante, in cui il palmo è rivolto verso l'alto e la presa è molle, consentendo spesso all'altra persona di controllare la stretta di mano. A volte, la persona potrebbe anche limitare la stretta di mano tenendo le dita dell'altro con le loro, invece di afferrare l'intero palmo. Questo è un gesto gentile da offrire agli anziani che potrebbero avere dolore da una stretta di mano più ferma.

Per mostrare la giusta dose di fiducia, dovresti mirare alla stretta di mano che promuove l'uguaglianza. Questo viene fatto posizionando il palmo in posizione verticale. Molto probabilmente, l'altra persona rispecchierà anche il modo in cui viene tenuta la mano.

La pressione della tua presa dovrebbe essere basata su quella dell'altro. Se la sua è più debole della tua, dovresti diminuire anche la tua forza. Se la sua è molto più forte, solleva anche la tua.

Saprai se stai per stringere la mano a una persona con una personalità dominante se la estende con i palmi rivolti verso il basso. Per smilitarizzare questo approccio, puoi raggiungere inizialmente la posizione di un palmo verso l'alto e poi mettere la mano sinistra sulla sua destra per fare una stretta di mano "a due mani".

La stretta a due mani disarmerà immediatamente la stretta di mano dominante e renderà l'esperienza più amichevole per entrambi. Basta fare attenzione nello scegliere la persona su cui applicare questa tecnica, anche se alcune persone potrebbero pensare che sia una lotta di potere e diventare aggressive.

Se hai la tendenza ad avere mani fredde e sudate, potresti trovare utile tenere un fazzoletto nella borsa o nella tasca in modo da poter asciugare rapidamente i palmi delle mani prima di incontrare qualcuno.

Un altro trucco se non si dispone di un fazzoletto è immaginare di tenere le mani davanti a un camino caldo per evitare che le mani si trasformino in sudori freddi. In questo modo puoi mantenere fiduciosamente una stretta di mano ferma e neutrale e dare un sorriso per alleggerire la tensione.

Capitolo 6: Mostrare la Fiducia in Se Stessi con Segnali del Braccio

Un modo infallibile per verificare il livello di sicurezza di una persona è prestare attenzione ai suoi gesti del braccio. Questo perché le braccia fungono da barriera che sembra proteggerci ogni volta che ci sentiamo fisicamente ed emotivamente minacciati.

Notate come istintivamente incrociamo le braccia sul petto ogni volta che affrontiamo una minaccia. È persino diventata un'abitudine incrociare le braccia ogni volta che parliamo con le persone, specialmente con estranei, persone autorevoli e altri con cui non ci sentiamo del tutto a nostro agio.

Alcune persone potrebbero affermare di incrociare le braccia perché si sentono semplicemente più a loro agio, quando in realtà si sentono in quel modo perché le fanno sentire protette a causa del loro atteggiamento nervoso. Ciò è una cosa brutta.

La ricerca ci dice che quelli che incrociano le braccia sono spesso percepiti negativamente dalla persona con cui stanno parlando, perché li fa apparire come chiusi e inospitali.

Come Uscire dall'Abitudine di Incrociare le braccia

La fiducia è tutta una questione di sentirsi sicuri e capaci di affrontare le sfide della vita. Quando le tue braccia sono incrociate, non sembri sicuro. Anche se hai le braccia incrociate perché hai freddo, gli altri penseranno che sia perché ti senti insicuro o incapace.

Quando stai parlando con qualcuno che non rappresenta alcuna minaccia, o se ti rivolgi a un gruppo di persone che devi persuadere o informare, l'ultima cosa che vorresti fare è incrociare le braccia. Una posizione più aperta rifletterà un atteggiamento più aperto e una sana autostima.

Quindi, come possiamo fermare l'abitudine? Una strategia efficace è quella di aggrapparti a qualcosa in modo da essere costretto a non incrociare le braccia. Può essere un libro, una penna o alcune carte.

Puoi anche piegarti in avanti se sei tu quello che sta parlando, e poi appoggiarti un po' quando è il loro turno di parlare. Questo ti darà qualcosa da pensare sul fare ciò che ti aiuterà a evitare di voler incrociare le braccia. Offre anche un ambiente più cordiale in cui appari rilassato, ma interessato a ciò che l'altro ha da dire.

Ricorda, è una buona idea usare i gesti a palmi aperti mentre esprimi te stesso e ciò ti aiuterà anche a non metterti in una posizione a braccia conserte.

Come Mostrare Fiducia con il Contatto

Il contatto è una cosa personale. Scegliere di toccare un'altra persona è una cosa che dovrebbe essere fatta con attenzione perché può aiutare o danneggiare il tuo rapporto con l'altro.

Una strategia efficace di toccare una persona nel momento in cui la incontri è di toccarle delicatamente il gomito con la mano sinistra mentre stringi la mano destra con la tua. Questo tocco momentaneo creerà anche un legame tra te e l'altra persona.

Il gomito non è considerato un luogo molto intimo, quindi è un posto relativamente sicuro da toccare. Può essere utile esercitarsi a farlo più volte con un amico finché non esce in modo più naturale una volta che lo si realizza con una vera conoscenza.

Un altro "tocco sicuro" comunemente accettato è quello di toccare leggermente il dorso della mano della persona mentre conversi con lui o lei. Poi, puoi prenderti un momento per osservare con discrezione come reagiscono. Molto probabilmente, si sentiranno più aperti nei tuoi confronti e ti considereranno in modo positivo.

Altri luoghi comunemente accettati per toccare qualcuno sono le spalle, come dare una leggera pacca sulla schiena a qualcuno. Non toccare mai il tuo capo o qualcuno che è tuo superiore, a meno che non inizi prima questo tipo di rapporto in quanto è considerato maleducato.

In caso di dubbio, non toccare oltre una stretta di mano a meno che non si è sicuri che la persona accoglie questa familiarità. Ad esempio, forse hai notato che hanno toccato qualcuno in modo simile mentre conversavano, quindi sai che lui o lei è d'accordo con il contatto sociale.

Capitolo 7: Forza nella tua Posizione

È importante rimanere consapevoli di come posizioni le gambe e di come ti siedi o stai in piedi perché questi sono gli aspetti più pertinenti del linguaggio del corpo. Tuttavia, poiché siamo così concentrati sulle nostre parole, intonazione e espressione facciale, spesso ci dimentichiamo completamente di come ci stiamo posizionando.

Gesti delle Gambe Fiduciosi

Per mostrare sicurezza con i tuoi piedi, lascia che puntino verso il centro del tuo interesse, che dovrebbe essere la persona con cui stai parlando. Fai attenzione a non orientare i piedi verso una via di fuga dalla situazione. Quando l'altra persona lo noterà, penserà immediatamente che sei insicuro e cerchi di trovare un modo per uscire dalla conversazione.

Il gesto di puntamento indica anche le ore in cui sei seduto; evitare di posizionare i piedi come se stessi per alzarti e andartene.

Evita di incrociare le gambe perché ti farà immediatamente sembrare insicuro o che sei in posizione difensiva. Le persone con scarsa autostima spesso incrociano le gambe, il che implica mettere un piede di fronte all'altro in prossimità (come se si trattenesse la pipì), mentre stanno in piedi di fronte altre persone.

Invece, stai dritto e allarga la tua posizione. Questo ti farà sembrare molto fiducioso. Esercitati tutto il tempo con i tuoi amici finché non si trasferisce a quando parli con estranei.

Stai in piedi dritto e alto

Il modo più semplice e più importante per proiettare immediatamente la fiducia è quello di stare in piedi dritto. All'inizio potrebbe sembrare difficile, specialmente se sei abituato a essere goffo ma in realtà hai solo bisogno di sentire come se ci fosse un filo invisibile in cima alla tua testa che ti tira dolcemente verso il cielo.

Inoltre, ricorda di rilassare le spalle verso il basso. Questo ti farà sembrare più alto e molto più importante. Quindi, fai uno sforzo cosciente per respingere un po' le spalle. Il vantaggio è che ha anche un effetto dimagrante. Fai questo davanti allo specchio e vedi la grande differenza.

Una cosa che devi evitare quando sei seduto o in piedi è quella di agitarti continuamente. È un evidente segno di nervosismo e mostra chiaramente la tua mancanza di fiducia. Mantieni la calma evitando coscientemente i colpetti delle gambe, muovere le braccia, tamburellare con le dita sul tavolo e altri movimenti ripetitivi non necessari.

Capitolo 8: Il Modo Giusto per rispecchiarsi

Il rispecchiamento è un'abilità del linguaggio del corpo molto efficace che devi padroneggiare per costruire un rapporto con gli altri e sentirti nel complesso più sicuro. È caratterizzato dal seguire il gesto o il movimento del linguaggio del corpo delle altre persone in modo da creare un legame con loro.

Il rispecchiamento è diverso dal copiare gli stessi vestiti che è un assoluto tabù tra le donne, in particolare. Ogni volta che ti rispecchi, stai mostrando all'altra persona che hai certe somiglianze. È come dire "veniamo da gruppi sociali simili." Questo darà loro, e a te stesso, una sensazione di sicurezza.

Differenze nel Rispecchiamento tra i Sessi

Gli studi dimostrano che è più facile per le donne rispecchiare il linguaggio del corpo di altre donne rispetto agli uomini che rispecchiano altri uomini. È anche più facile per le donne rispecchiare un uomo, mentre gli uomini sono più riluttanti a rispecchiare i gesti di una donna, a meno che non la si corteggi.

Se sei una donna e sei in una conversazione con un uomo, la chiave per rispecchiarlo correttamente è essere più attento al corpo che al viso. Questo perché gli uomini hanno più probabilità di usare il loro corpo rispetto al loro viso per trasmettere significato.

Ciò significa anche che dovresti minimizzare le espressioni facciali, specialmente se il tuo obiettivo è stabilire un rapporto con l'uomo. Mantenere una faccia seria ti farà sembrare più sensibile e sicuro per gli uomini.

Se sei un uomo, esercitati a mostrare più espressioni facciali mentre ascolti le donne, perché gli studi dimostrano che gli uomini che lo fanno sono percepiti come più attraenti, interessanti e intelligenti.

Sentirsi Rilassati ma Sicuri

Più sei a tuo agio con ciò che ti circonda e con le persone in esso, più sarai sicuro di te stesso. Come già saprai, il rispecchiamento è un ottimo modo per stabilire un rapporto e ti aiuterà a sentirti più a tuo agio a causa della relazione che cresce.

Nei momenti in cui stai parlando con qualcuno che vuoi impressionare, rispecchia i loro gesti positivi, come il modo in cui si siedono e usano le mani per esprimere un'idea. Questo mostrerà alla persona che stai ascoltando e capendo il suo messaggio.

Tuttavia, assicurati di considerare il tuo rapporto con la persona. Ad esempio, se il tuo capo inizia a mettere le mani dietro la sua testa e si appoggia indietro alla sedia, e tu fai la stessa cosa gli farai pensare che sei arrogante. Se la persona con cui stai parlando sta cercando di intimidirti (e lui o lei non è il tuo superiore o capo), ciò che puoi fare per disarmarli è rispecchiare i suoi movimenti. Assicurati solo di rispecchiare solo i segnali positivi e mai quelli negativi.

Capitolo 9: Lettura Accurata del Linguaggio Corporeo

Per utilizzare il linguaggio del corpo a tuo vantaggio, è fondamentale migliorare l'abilità di leggere il linguaggio del corpo di altre persone. Questo è così importante perché ti consentirà di adattarti più rapidamente alla situazione ed avere il controllo su di essa.

Ci sono tre chiavi per sbloccare con successo il significato del linguaggio del corpo di altre persone. Il primo è quello di leggere tutti i gesti invece di concentrarsi su uno solo. Il secondo è fare attenzione alla congruenza tra i segnali verbali e quelli non verbali. Il terzo è interpretare i gesti nel contesto.

Ogni volta che stai osservando un'altra persona mentre ti parla, cerca di notare il maggior numero possibile dei suoi gesti. Non concentrarti mai su un singolo gesto senza considerare gli altri. Ad esempio, se noti che la persona si sta massaggiando il braccio, potrebbe comunque significare una miriade di altre cose oltre al nervosismo. Forse ha davvero prurito al braccio.

Tuttavia, se noti che si sfrega il braccio e allo stesso tempo senti un tremito nella sua voce e vedi un tic negli occhi, allora significa che è nervosa e potrebbe nascondere qualcosa. Avrai bisogno di almeno tre gesti per interpretare correttamente il significato non verbale del messaggio.

Gli studi dimostrano che il linguaggio del corpo ha cinque volte l'effetto del linguaggio verbale e che le donne tendono a dipendere dalla lettura del linguaggio del corpo più spesso rispetto alle parole pronunciate. Ad esempio, se dici a qualcuno qualcosa e lui dice che è d'accordo con te, controlla i suoi gesti per vedere se è congruente con la sua risposta verbale. Se è in conflitto, il linguaggio del corpo riflette la verità più delle parole.

Considera la situazione ogni volta che leggi il linguaggio del corpo, perché a volte l'ambiente stesso interferisce con il modo in cui le persone si comportano normalmente. Ad esempio, un uomo che incrocia le braccia e le gambe e tiene il mento abbassato non significa necessariamente che sia sulla difensiva, soprattutto se è seduto su una panchina del parco durante l'inverno.

Tieni sempre a mente questi tre punti chiave quando interpreti il linguaggio del corpo di qualcun altro. Questo ti aiuterà a regolare il modo in cui reagisci nei confronti della persona con cui stai comunicando e ti impedirà anche di assumere i significati sbagliati.

Come Potenziare Notevolmente la tua Abilità di Lettura del Linguaggio Corporeo

Il modo migliore per migliorare questa abilità è attraverso la pratica. Consentiti almeno 15 minuti al giorno per osservare il linguaggio del corpo di altre persone. Lascia che questa sia l'occasione per farti diventare più consapevole anche del tuo linguaggio corporeo. Trova un buon posto dove puoi avere esposizione a una vasta gamma di emozioni e gesti umani, come ad esempio un terminal degli autobus, l'aeroporto, una festa o il centro commerciale.

Puoi anche osservare il linguaggio del corpo guardando la televisione. Assicurati di spegnere il suono di tanto in tanto. Rimetti il volume solo per verificare se l'intuizione è corretta.

Capitolo 10: Lavora con la tua Altezza

La nostra taglia e altezza possono giocare un ruolo importante sulla nostra sicurezza. Molte persone di altezza media o inferiore alla media spesso desiderano un paio di pollici in più, mentre quelli che sono molto alti a volte si sentono alienati da tutti gli altri.

Il problema non è l'altezza di per sé. Invece, è come comunichiamo noi stessi indipendentemente dall'altezza. Che tu sia alto o basso, ci sono abilità e strategie del linguaggio del corpo intelligenti che possono aiutarti a usarla per apparire e sentirti più sicuro.

Come Sembrare più Alto

Preoccuparti in modo costante della tua altezza non ti renderà più alto. Piuttosto, canalizza tutta quell'energia per migliorare il tuo linguaggio corporeo e renditi più alto. Ci sono un sacco di attori e politici che sono in realtà più bassi di quanto sembrano a causa del modo in cui si proiettano.

Un modo immediato per aumentare l'altezza per le donne è indossare tacchi alti e per gli uomini è indossare gli inserti nelle scarpe per altezza. Stai dritto e tieni il mento alzato con aggiungerai anche altezza alla tua corporatura.

In una riunione, assicurati di sederti per neutralizzare le differenze di altezza. Funzionerà meglio a tuo vantaggio se ti siedi più lontano dalla persona più alta e su una sedia più grande. Ogni volta che qualcuno inizia a parlare con te mentre sei in piedi mentre sei seduto, alzati in piedi, cammina verso una finestra e guarda fuori mentre continui la conversazione.

Fare un'azione decisa come allontanarsi e guardare fuori da una finestra mostrerà che non lascerai che le persone "esitino" su di te. Guardare fuori non darà loro il vantaggio della loro altezza.

Come Essere Sicuri mentre si Abbassa il Corpo

Se sei una persona alta, potrebbe sembrare controproducente abbassarti, ma ci sono casi in cui ciò ti farà apparire più sicuro.

Queste sono le volte in cui ti rilassi per metterti comodo, come in un divano o in una poltrona, con un'altra persona. Mostra che non sei di guardia e sei completamente sicuro di te.

Capitolo 11: Abilità Non Verbali della Prima Impressione

La prima impressione è molto importante in qualsiasi situazione comunicativa, e il linguaggio del corpo giusto ti permetterà di proiettare la fiducia che desideri diffondere in quel dato momento.

Un grande esempio è se devi entrare in un posto, trovare un addetto alla reception a cui darai le tue cose. Non entrare mai in un incontro con le mani piene di oggetti, perché ciò ti farà apparire agitato.

Ogni volta che stai aspettando qualcuno, prova a stare dritto con le mani dietro la schiena. Piega i piedi avanti e indietro leggermente e con un movimento controllato. Questo ti farà sembrare a tuo agio e molto fiducioso.

Se stai per avvicinarti a qualcuno, cammina direttamente verso quella persona con un movimento sicuro, veloce e fluido. Assicurati di liberare la mano destra, se non entrambe, per stringere le loro. Le persone che camminano velocemente sono spesso percepite come persone che amano andare, mentre le persone che camminano lentamente sono considerate più fredde.

Per le situazioni in cui stai parlando con qualcuno con autorità, tieni le dita vicine e le mani sotto il livello del mento. Questo mostrerà che hai più comando rispetto a quando hai le mani sopra le dita del mento aperte.

Conclusione

Voglio davvero ringraziarvi per aver letto il libro.

Spero sinceramente che abbiate ricevuto un valore da questo e guadagnato molta fiducia in voi stessi migliorando le vostre abilità linguistiche.

Il linguaggio del corpo esperto non si ferma qui. Dopo aver imparato come comportarsi e dare i giusti segnali e gesti, il passo successivo è quello di esercitarsi e incorporarli nella vita di tutti i giorni.

Mentre il primo passo è sempre il più difficile, ti renderai conto che portarti fiduciosamente di fronte agli altri sarà più facile finché continuerai ad applicarli. Meglio ce la fai, più sarai sicuro di te - dentro e fuori!

Parte 2

Introduzione

Voglio ringraziarti e congratularmi con te per aver scaricato il libro.

Questo libro contiene passi e strategie testate per diventare un vero esperto nella conoscenza del linguaggio del corpo. Non solo capirai cos'è ma, grazie alla pratica, sarai in grado di capire chi mente, chi è sincero, e persino come usare questa abilità per flirtare.

Ecco un segreto: non hai bisogno di essere un esperto per capire il linguaggio del corpo. Dovrai solo osservare e imparare da ciò che vedi. Chiunque può imparare e questo libro contiene tutti i trucchi per farlo.

Se non affini le tue capacità di osservazione, potresti voler far pratica ed imparare a notare i dettagli. Dovrai anche essere in grado di leggere o capire le emozioni degli altri, che è parte del discernerei segnali non verbali.

È arrivato per te il momento di imparare tutto ciò che c'è da sapere sul linguaggio del corpo e sul come leggerlo.

Capitolo 1: Cos'è il Linguaggio del Corpo?

Per farla semplice, il Linguaggio del Corpo è una forma di comunicazione non verbale. Èciò che qualcuno fa per dare significato, come una sorta di "segnale". Ma non tutti i segnali sono voluti, inoltre possono essere fraintesi, ignorati o passare del tutto inosservati.

La comunicazione non verbale è complessa. Le persone potrebbero esprimere il proprio linguaggio del corpo attraverso modalità strutturate, basate su determinate regole che possono impostare per sé stessi, ma a volte non ha una struttura. Può essere continuo e può essere appreso, ma alcuni meccanismi sembrano essere innati (dato che alcune persone li usano con più naturalezza di altre).

Il comportamento non verbale è legato al parlato o ne è indipendente? Quali sono le sue funzioni sociali, se ne ha? Tutto ciò che sappiamo sui comportamenti non verbali, è che:

- Ripetono, danno risonanza ed enfatizzano ciò che si dice
- Complimentano, modificano ed elaborano i messaggi verbali
- Si scontrano, contraddicono e confondono i messaggi verbali per mostrare ambivalenza o nascondere le cause
- Sostituiscono le parole
- Sottolineano, accentuano, puntualizzano e moderano il linguaggio
- Regolano e coordinano il linguaggio

Il linguaggio del corpo può essere discreto o esplicito, può essere usato consapevolmente o ricevuto inconsapevolmente. Può essere notato e utilizzato facendone pratica ma è impossibile da controllare psicologicamente. A volte lasci che qualcuno veda attraverso il linguaggio del tuo corpo i tuoi veri sentimenti, anche quando ad alta voce diresti "Va tutto bene". Ogni volta che giri la testa, ogni espressione facciale, il tuo tono di voce, persino i vestiti che indossi possono rivelare un messaggio non verbale.

Ma, ovviamente, il linguaggio del corpo non è solo questo. È usato quasi ogni giorno e quasi in ogni occasione, dagli affari alle indagini poliziesche.

Capitolo 2: L'Importanza del Linguaggio del Corpo

A volte il silenzio è d'oro. Ciò che viene espresso con numerose parole, potrebbe essere espresso con un cenno o un sorriso luminoso che sono semplicemente incommensurabili. Così come le emozioni e le espressioni mostrate sul tuo viso possono avere un significato, ciò vale anche per il modo in cui ti presenti con il linguaggio del corpo.

Chi usa il Linguaggio del Corpo?

Per gli attori in opere teatrali o serie tv, il linguaggio del corpo èciò che li aiuta ad eccellere. Molti sono affascinate dal vedere come una persona agisce e si comporta, in particolare nei confronti degli altri. Siamo tutti "osservatori di persone" ed amiamo farlo.

In un certo senso, tutti usano il linguaggio del corpo in una forma o nell'altra perché' ci piace osservare e capire ciò che altri cercano di comunicare.

È la norma che politici e CEO vengano allenati dagli stessi attori affinché si presentino in un certo modo. Avranno anche qualcuno che gli scrive cosa dire ma senza un modo efficace per trasmettere il messaggio, nessuno li ricorderebbe. O, peggio ancora, tutti ricorderebbero solo i piccoli dettagli come il sudore e i pochissimi cambiamenti facciali dell'oratore.

Poi ci sono i venditori. Persone che danno l'impressione di essere sicure di sé, e ti assicurano che ciò che ti offrono è qualcosa da non farsi sfuggire. Il loro carisma ed il loro linguaggio del corpo sono una facciata per cercare di trovare acquirenti, cercano di attirare la tua attenzione ed i tuoi soldi cambiando tono di voce e comportandosi in modo molto amichevole.

Il linguaggio del corpo è usato da molte persone, soprattutto dagli adulti. Indipendentemente dal lavoro che fanno e dal motivo, noi adulti sembriamo ricavare sostentamento dall'inganno e impariamo a diventare abili nel praticarlo con il passare del tempo. Abbiamo imparato a presentarci in modo da ottenere ciò che vogliamo. Abbiamo imparato a fare una buona impressione sugli altri e a mantenerla. Abbiamo persino imparato ad evitare di dire qualcosa che potrebbe ferire i sentimenti altrui.

In effetti, esistono cinque diversi tipi di linguaggi del corpo che si esprimono attraverso gesti che implicano in maniera evidente il sentimento generale di queste tipologie. Sono:

- Aggressivo – le mani sui fianchi, invasione dello spazio personale, stretta di mano estremamente forte.

- Difensivo – braccia o gambe conserte, spalle curve, assenza di contatto visivo.

- Nervoso – Mangiarsi le unghie, arrossire, stretta di mano debole.

- Annoiato – Sguardo perso, sbadigli, dita tamburreggianti.

- Interessato – Stretta di mano ferma, posizione decisa, buon contatto visivo.

Capitolo 3: I piùGrandiMiti del Linguaggio del Corpo, Smentiti

In base a ciò di cui abbiamo parlato finora, starai probabilmente pensando che leggere il linguaggio del corpo non è solo un'importante abilità da imparare ma che sia anche piuttosto semplice. È importante ma non facile. Alcune idee sul linguaggio del corpo sono state diffuse a livello mondiale da anni ma sono poi state etichettate come false o precipitose dalla ricerca scientifica.

Questo perché negli anni '70 le persone che si ritenevano esperti del linguaggio del corpo erano convinti di saper riconoscere un bugiardo dal linguaggio del suo corpo. Tutto ciòsuonavacosì credibile che il grande pubblico e le forze dell'ordine ci credettero. Questa impressione si diffuse anche in serie TV come "Lie to Me" della Fox, un dramma poliziesco il cui protagonista è un esperto di linguaggio del corpo che lavora fianco a fianco con le forze dell'ordine per risolvere casi di cronaca nera. Può essere considerato una buona forma di intrattenimento ma trae in errore lo spettatore.

Ci accingiamo a mettere fine ai miti più popolari e a smontarli così che possiate evitare di fare lo stesso errore in futuro.

Mito #1: Il Mancato Contatto Visivo è un chiaro segno di Inganno

Gli psicologi hanno provato per anni a dimostrare la veridicità di questa idea. L'idea è che puoi individuare un bugiardo nelle persone che non riescono a mantenere un contatto visivo. Le persone, infatti, trovano difficile mantenere un contatto visivo quando stanno mentendo, in particolare I bambini, quindi dovrebbe essere possibile ricavare da loro la verità guardandoli negli occhi, giusto?

No. Questa èsovra compensazione.

I ricercatori come il professore di psicologia Albert Vrij hanno dimostrato che le persone mentono abitualmente. Questo include i casi limite, quelli istrionici o le personalità asociali. Semmai, devi stare attento agli psicopaticipoiché potrebbero mantenere il contatto visivo deliberatamente. Loro SANNO che le persone sono attente a questi comportamenti e vogliono convincerti assecondando il contatto visivo.

Al contrario, lo sguardo di una persona sincera vagherebbe. Potrebbe essere a causa di nervosismo o timidezza, o è semplicemente il loro modo di prendere coraggio per parlare. La persona sincera non crederà sia necessario provare la propria innocenza, ma solo comunicarla.

Questo mito è particolarmente negativo poichéesistono motivazioni personali e culturali a causarlo. Per qualcuno, infatti, distogliere lo sguardo potrebbe essere un modo di raccogliere i pensieri distogliendo l'attenzione da un'altra persona. Inoltre,latino-americani ed afroamericani hanno imparato a distogliere lo sguardo davanti a personalità di spicco quando vengono puniti per sembrare umili e contriti.

Puoi ben immaginare come ciò avvenga in contesti sociali e legali. Distogliere lo sguardo per richiamare i pensieri è percepito come un segno di facile distrazione o disinteressamento. Il tentativo di sembrare umile vuol dire fare in modo, involontariamente, che la polizia dia per scontato che tu sia tutto tranne che umile.

Mito #2: È Facile Capire quando Qualcuno sta Mentendo.

In relazione al mito sopramenzionato, l'indagine criminale ritiene che compiere un'azione subdola sia qualcosa di simile ad una menzogna. Esiste anche una credenza largamente diffusa che è stata insegnata agli investigatori: il movimento degli occhi.

Se una persona guarda verso destra mentre parla, sta mentendo collegandosi all'aspetto creativo del lato destro del cervello. Se una persona guarda a sinistra mentre parla, si collega all'aspetto razionale della parte sinistra del cervello e pertanto sta dicendo la verità.

L'idea ha senso ed è accattivante pensare di usarla per scovare bugiardi ma nessun studio è riuscito a provarne la veridicità.

"Nello Studio 1 i movimenti degli occhi dei partecipanti che stavano mentendo o dicendo la verità sono stati codificati ma non corrispondevano al modello NEL (Programmazione Neuro-Linguistica). Nello Studio 2 a un gruppo di partecipanti è stato detto tutto riguardo le ipotesi sul movimento degli occhi del modello NEL mentre ad un secondo gruppo no è stato detto nulla. Dopodiché entrambi I gruppi sono stati sottoposti ad un test della verità. Non sono emerse differenze sostanziali tra i due gruppi. Lo Studio 3 prevedeva la codificazione dei movimenti oculari sia dei bugiardi che dei sinceri tra coloro che prendevano parte a conferenze stampa di alto profilo. Ancora una volta non sono state riscontrate differenze sostanziali." (The EyesDon'tHaveIt: LieDetection and Neuro-Linguistic Programming)

In altre parole, non solo I test si sono dimostrati inefficienti ma hanno anche mostrato come lo sguardo non sia collegato al mentire o meno.

Non si tratta solo degli occhi nemmeno per questo mito; le persone tendono ad insospettirsi verso chi si tocca il naso, si copre la bocca, chiude gli occhi, inizia a parlare in falsetto, o inizia ad agitarsi.

Tutti questi gesti vengono interpretati, erroneamente, come segnali di inganno e menzogna, ma potrebbero semplicemente essere sfogo di stress represso. Li usano sia i colpevoli che gli innocenti ed èpericoloso dare adito a questo mito. Un agente di polizia inesperto potrebbe dare un'occhiata ad una persona nervosa e agitata e potrebbe optare per tattiche aggressive e più assertive per provare a far confessare il "criminale". Tutto ciòporterà solo ad un circolo vizioso nel quale l'accusato durante l'interrogatorio tenderà ad innervosirsi di più e, di conseguenza, ad essere sempre più sospettato.

Possono esserci innumerevoli ragioni dietro la nostra agitazione ed una delle ragionipiù comuni parrebbe essere il "dislocamento". Ossia quando le nostre emozioni vengono sostituite quando siamo incapaci di esprimerle; per cui l'agitazione potrebbe nascondere la nostra noia, il nostro entusiasmo o la nostra frustrazione. Potrebbe anche essere semplicemente un effetto collaterale dello stare seduti troppo a lungo e dell'avere energia da bruciare.

L'agitazione può anche essere una forma di atteggiamento auto-placebo per smussare l'ansia.

Sfortunatamente abbiamo abbastanza casi di assoluzione per DNA a dimostrare come le persone confessino e firmino confessioni durante gli interrogatori anche se innocenti. Questa coercizione è dovuta a una parte dei poliziotti che portano avanti gli interrogatori per ore portando allo stress e all' attivazione dell'area limbica, erroneamente ritenuto un segnale non verbale di menzogne.

È il tipo di errore che porta dei problemi. Le persone possono essere processate o giustiziate solo per avere dato segnali non verbali di stress interpretati erroneamente come mancanza di sincerità. In uno di questi casi, "La Jogger di Central Park", 5 giovani ragazzi hanno scontato fino a 13 anni di prigione perché gli ufficiali di polizia hanno interpretato il loro linguaggio corporeo come indicatore di mancanza di sincerità e sono stati accusati di aver stuprato e lasciato lì a morire una giovane donna nel parco. Furono rilasciati solo più tardi quando un'altra persona confessò e il test del DNA li scagionò.

La sbagliata interpretazione del linguaggio del corpo ha rovinato le vite di cinque giovani uomini e anche dopo che la loro innocenza è stata provata, vengono ancora considerati stupratori a causa di questo mito.

<u>Mito</u> #3: Le Braccia Conserte o Incrociate mandano un messaggio negativo

Una delle tesi comuni riguardante il linguaggio del corpo sono le braccia incrociate. Questo gesto può voler dire molte cose, in particolar modo può indicare sentimenti di sfida e rabbia. Può certamente dare l'impressione che sia così ma se non sei arrabbiato o irritato, può indicare qualcosa di diverso.

Janine Driver, presidente dell'Istituto del Linguaggio Corporeo, crede che la nozione serva in realtà ad elaborare informazioni. È provato che nel 30% dei casi incrociare le braccia faccia aumentare la concentrazionecosì come le capacità' di memorizzazione.

Un altro significato dietro questo gesto è quello della ricerca di consolazione nella forma dell'"abbracciarsi da soli". Potresti notare di concederti un abbraccio in privato, per dare a te stesso un momento di conforto. Potremmo ritrovarci a farlo mentre parliamo con qualcuno o mentre aspettiamo una presentazione ma mai per spingere qualcuno ad allontanarsi.

Se incrociare le braccia all'altezza delle spalle ricorda un abbraccio, incrociarle sopra lo stomaco aiuta ad alleggerire lo stress; non a trattenere il vomito. A volte puoi incrociare le braccia per mascherare la tua insicurezza sembrando più duro. A volte vuoi intenzionalmente ESSERE duro e metterti in una posizione di potere con le braccia incrociate. O forse stai semplicemente tremando e vuoi tenerti caldo nascondendo le mani sotto le braccia...

Esistono vari modi di interpretare il tenere le braccia conserte/incrociate ma non tutti sono necessariamente negativi. Potrebbero trasmettere un messaggio negativo a degli estranei (e a volte a persone che ritieni odiose abbastanza da desiderare che ti lascino solo), ma tra amici è un gesto che esprime interesse nell'intavolare una conversazione su un dato argomento.

Mito #4: La Comunicazione non Verbale copre circa il 93% della Comunicazione

Una citazione molto diffusa sui media è: La comunicazioneè per il 7% verbale e per il 93% non verbale. Anche questo è un mito interpretato erroneamente.

Le percentuali derivano dagli studi e dagli esperimenti del Professore Albert Mehrabian che risalgono al 1960 uno dei quali aveva come tema centrale I "Messaggi Silenti". Le sue scoperte avevano lo scopo di coprire tutti i tipi di comunicazione non verbale e attraverso questi intensificare le abilità e la consapevolezza del lettore per quanto riguarda la comunicazione interpersonale.

Gli esempi sono perciòi seguenti:

1. Durante la persuasione – per esempio, di quali importanti messaggi non verbali puoi usufruire per persuadere con successo altri in un ruolo di supervisione o nelle vendite?

2. Comportamento ingannevole – come puoi stabilire se qualcuno sta mentendo o è solo schietto?

3. Stili di comunicazione individuale – Come descriviamo a livello generale lo stile comunicativo di una persona? Quali sono gli elementi base dello stile di una persona? Come può una persona individuare le problematiche nella comunicazione non verbale e migliorare l'efficienza del proprio stile comunicativo?

4. L'analisi del modo in cui le frasi vengono pronunciate. Per esempio, quali sono le differenze implicite nell'atteggiamento quando si dice: "Mi piacciono queste persone" invece di dire "Mi piacciono queste persone?"

5. **Comunicazioni inconsistenti - l'importanza relativa dei messaggi verbali e non verbali.** Le mie scoperte sull'argomento hanno ricevuto considerevoli attenzioni in letteratura e nei media. "Messaggi Silenti" contiene una dettagliata discussione sulle mie scoperte sui messaggi inconsistenti delle emozioni e degli atteggiamenti (e la relativa importanza delle parole in contrasto con quella dei segnali non verbali) da pagina 75 a 80.

Gradimento Totale = 7% Gradimento Verbale + 38% Gradimento Vocale + 55% Gradimento Visivo

"Si prega di notare che questa ed altre equazioni riguardanti l'importanza relativa dei messaggi verbali e non verbali derivano da esperimenti che hanno a che fare con la comunicazione dei sentimenti e degli atteggiamenti (ossia piace-non piace). A meno che un comunicatore non stia parlando dei propri sentimenti ed atteggiamenti, queste equazioni non sono applicabili."

("Silent Message" – A Wealth of Information About Novera Communication (Body Language))

Il linguaggio del nostro corpo gioca un ruolo nel leggere le nostre emozioni e comportamenti, vero, ma è molto più probabile che acceda a tale informazione il 93% delle volte se si prende in considerazione il linguaggio dei segni.

Inoltre, stando ai dati, il suono della voce di un dato individuo tende al gradimento vocale, e il linguaggio del corpo tende al gradimento Visivo. Quindi mentre il linguaggio del corpo richiede sempre una grande quantità di comunicazione non verbale, il mito confonde il fatto che questo è il dettaglio più importante.

<u>Mi</u>to#5: Il Linguaggio del Corpo è Universale

Si può dire che alcune espressioni fisiche sono universalmente riconosciute e comprese. Per esempio, di norma si può definire felice una persona se sorride. Nonostanteciò, alcune culture continuano ad avere differenze notevoli tra loro come alcuni gesti delle mani.

Un pollice all'insù sta per "bel lavoro" o "ok", ha lo scopo di incoraggiare. Ma in Grecia o in Sud Africa quello per loro è l'equivalente dell'alzare il dito medio. L'Inghilterra e l'Australia vedono una V capovolta (fatta con il dito medio e l'indice) offensiva quanto l'alzare il dito medio anche se per noi potrebbe non significare nulla.

Capitolo 4: Come Leggere il Linguaggio del Corpo

Non lasciarti scoraggiare dal capitolo precedente; solo perché alcuni cosiddetti esperti hanno rovinato tutto parlando di quanto sia facile leggere il linguaggio del corpo, resta comunque un linguaggio che può essere appreso. Significa solo che non possiamo saltare a conclusioni affrettate senza delle prove.

Il puntoè che chiunque può imparare a leggere il linguaggio del corpo. Consiste letteralmente solo in questo: leggere i corpi delle persone. Ma la chiave principale ècapire la condizione emotiva della persona mentre si ascolta ciò che ha da dire e conoscendo le circostanze in cui la suddetta persona si trova mentre le dice. Un singolo gesto non dovrebbe essere interpretato senza considerare gli altri segnali mostrati allo stesso tempo e cosa potrebbe essere successo nel frattempo.

In parole povere, un singolo gesto può avere molti significati a seconda del contesto. Tu potresti avere l'abitudine di grattarti la testa quando ti senti smemorato o stai cercando di ricordare qualcosa o forse stai mentendo. Oppure hai semplicemente un prurito e vuoi grattarti la testa.

Il Contesto è la chiave, e lo è anche l'azione. Dopotutto, "le azioni fanno più rumore delle parole". Studi hanno provato che le azioni attraverso il linguaggio del corpo sono fino a cinque volte più efficienti delle parole! E se una persona è sincera, i suoi segnali verbali e non, coincideranno.

Un esempio è il capo con le braccia incrociate sul petto e il mento rivolto verso il basso mentre guarda i suoi dipendenti. Li assicura che è aperto a suggerimenti e contributi ma il suo corpo indica che non è per nulla sincero nel dirlo. Se una persona stesse usando quella stessa posa in un freddo inverno, sarebbe probabilmente solo infreddolito e non sulla difensiva.

Possono esserci casi in cui puoi interpretare male qualcuno, quindi stai attento. Le persone obese non possono esprimere in modo appropriato il proprio atteggiamento difensivo incrociando le gambe e le persone con l'artrite potrebbero avere strette di mano deboli per evitare di farsi del male anche se è visto come un segnale di debolezza.

A mano a mano che le persone invecchiano, i gesti che fanno diventano meno ovvi e più difficili da leggere e quando diventi grande abbastanza da essere definito anziano, avrai meno tono muscolare sul tuo viso rispetto ai più giovani e perciò potresti avere più problemi ad esprimerti.

I bambini probabilmente sono ipiù semplici da interpretare poiché tendono ad essere sinceri e facilmente impressionabili. Sono anche dei pessimi bugiardi dato che tendono a coprirsi la bocca con entrambe le mani quando dicono qualcosa che non dovrebbero dire.

Anche gli adulti hanno il riflesso di coprirsi la bocca ma essendo più consci di questo riflesso si fermano in tempo. Ovviamente, è sempre ovvia la bugia se il gesto di tendere a coprirsi la bocca viene notato nella forma del toccarsi il naso, il quale è sempre un chiaro indizio.

Le persone possono sempre imparare a fingere alcuni segnali per dare sostegno alle proprie bugie ma se sei abbastanza abile nel leggere il linguaggio del corpo, puoi individuare i segnali che non sono falsi o intenzionali. Inoltre, è davvero difficile falsificare il linguaggio del corpo per periodi di tempo estesi. Alla fine, ci sarà un passo falso.

Per saperne di più sul mentire e sul come distinguere i bugiardi, volta pagina per il prossimo capitolo.

Capitolo 5: Come Capire se Qualcuno sta Mentendo o sta Dicendo la Verità

È credenza comune che individuare chi mente sia molto semplice se sei un esperto del linguaggio del corpo. Tuttavia, diverse credenze sono state screditate precedentemente e mostrano come in realtà non sia così semplice. I segnali che pensiamo siano tipici dei bugiardi, potrebbero semplicemente essere l'esternazione di un meccanismo di gestione dello stress. L'interpretazione dello sguardo volto verso sinistra o destra si è rivelata essere una pura congettura. O, peggio ancora, i criminali potrebbero intenzionalmente mantenere il contatto visivo per indurre gli ufficiali a credere alla loro innocenza.

Consapevoli di tutto ciò, a seguire una serie di metodi per cogliere *davvero* la differenza tra un bugiardo ed una persona sincera:

La Posizione della Testa. Alcuni potrebbero scuotere improvvisamente la testa se sottoposti a domande dirette. Ciò potrebbe avvenite subito prima della loro risposta.

Respirazione. Èun'azione riflessa, connessa in modo particolare al mentire. Se non riesci ad avvertire interruzioni nella respirazione, osserva le spalle della persona in questione e il modo in cui si muovono. Inoltre, fa attenzione al tono della loro voce, che sia superficiale, poco chiaro o incrinato. Potrebbero essere privi di fiato a causa del crescente battito cardiaco causato dal nervosismo e dalla tensione.

La Loro Levatura. Abbiamo sfatato il mito secondo il quale le persone che sono ombrose o irrequiete stanno nascondendo qualcosa. Ciò non vieta che siano comunque colpevoli, ma sarebbe un'eccezione, non la regola.

Dovresti essere ugualmente sospettoso delle persone che *non* si muovono affatto. Persone tese, rigide e che tendono a reagire istintivamente attaccando o fuggendo. Le persone di solito sono disinvolte e spensierate nel partecipare ad una conversazione, rilassandosi e muovendosi inconsciamente. Qualcuno che non si muove in maniera naturale si sta preparando psicologicamente ad un confronto.

Ripetizione. Le persone che si ripetono stanno cercando di esprimere un punto di vista. Le persone che si ripetono stanno cercando di esprimere un punto di vista. Le persone che si ripetono stanno cercando di esprimere un punto di vista.

E scommetto che sono riuscita a farvi arrivare il mio di punto di vista proprio adesso, ripetendomi, non è per nulla convincente,vero? I bugiardi lo fanno per molti motivi: vogliono far penetrare l'idea della loro innocenza nella tua mente e nel frattempo, inconsciamente, rassicurano sé stessi. Ripetono le parole "Non sono stato io" come scusante per le proprie azioni. Potrebbe anche servir loro a temporeggiare mentre cercano di coinvolgerci di più nella loro elaborata versione dei fatti.

Sovra compensazione. Avere troppe informazioni è negativo quanto averne poche. Un bugiardo cercherà di convincerti che la sua storia è vera anche se nessuno gli ha ancora chiesto cosa è successo. Comunemente si crede che parlando di propria iniziativa, gli altri dovranno credere a ciò che dici.

Coprirsi la bocca o altre parti del corpo vulnerabili. Qualcuno che sta mentendo, potrebbe istintivamente coprirsi la bocca con le mani. Preferirebbero non essere interrogati e cercano di mettere fine alla conversazione per evitare di dover parlare. In alternativa, un disonesto potrebbe coprire qualcos'altro che a loro avviso è vulnerabile, come ad esempio la gola, la testa, il petto, e l'addome, per nominarne qualcuno. Coprirsi la gola, ad esempio, potrebbe avvenire quando l'accusato ascolta una testimonianza scomoda.

Trascinare i piedi. Di questo avrai già sentito parlare a proposito dei bugiardi. È il modo in cui il corpo usa l'energia nervosa di un individuo che è teso e con i nervi a fior di pelle. Preferirebbero essere in qualsiasi altro posto diverso da quello in cui si trovano. Non pensare al contatto visivo, a volte i piedi sanno dirti molto di più su chi è davvero bugiardo.

Avere difficoltà nel parlare. Hai mai incespicato nel parlare perché impegnato a fare più cose contemporaneamente? Forse parlo per esperienza personale ma a volte l'attenzione su quello che stai facendo al momento ha la meglio su di te se qualcuno cerca di intavolare una conversazione seria.

I bugiardi non hanno bisogno di avere degli impedimenti specifici per essere bloccati improvvisamente dalla pressione della loro stessa bugia. Secondo il Dr. Lilian Glass, analista comportamentale, il sistema nervoso taglia la fornitura di saliva nei momenti di stress e le membrane mucose accanto alla bocca, si prosciugano di conseguenza.

Ovviamente i bugiardi potrebbero anche mordersi e/o increspare le labbra per tenerle chiuse.

Sbattere frequentemente le palpebre. Se esiste un trucco di cui fidarsi per capire se qualcuno sta mentendo guardando gli occhi è il notare se mantengono un contatto visivo costante invece di evitarlo. Come detto prima, chi è sincero lascia che i propri occhi vaghino poiché non ha alcun motivo di mentire. I bugiardi, invece, si servono intenzionalmente del mito che circonda il distogliere lo sguardo, mantenendo un contatto visivo prolungato che finirà con l'intimidire coloro che dubitano della veridicità di ciò che affermano.

Puntare il dito. I bugiardi più si mettono sulla difensiva riguardo alle loro argomentazioni, più possono diventare violenti. Quando ti avvicini alla verità e fai loro presente i vari buchi nella loro versioni dei fatti, iniziano ad arrabbiarsi. Ricorreranno alle urla, a gesti di rabbia e punteranno il dito, cercando di provare che hanno ragione.

Un bugiardo reagirebbe a tutto ciò e a molto altro ancora. Cercherebbe di mantenere il controllo e di fornire il maggior numero possibile di dettagli per le sue storie, anche quando inizieranno a fare acqua da tutte le parti. Una persona sincera sarebbe molto più rilassata in confronto. Non hanno senso di colpa o l'urgenza di giustificarsi e sarebbero meno guardinghi. In breve, un bugiardo fa troppi sforzi. Una persona sincera non si sforza affatto.

Capitolo 6: Il Ruolo del Linguaggio del Corpo negli Appuntamenti/nel Flirtare

Fino ad adesso abbiamo parlato di come il linguaggio del corpo faccia emergere il detective che è in noi. Sia che si tratti di un criminale bugiardo che di un civile innocente accusato per sbaglio.

Ma forse tu sei alla ricerca della tua anima gemella e vuoi sapere come porti in modo da far sì che ricevano il messaggio. L'elemento più importante nell'usare il linguaggio del corpo per flirtare è enfatizzare le vostre differenze sessuali e far mostra delle vostre doti attrattive.

Quando incontri qualcuno a cui sei interessato, potrebbero verificarsi alcuni cambiamenti psicologici: aumento del tono muscolare, scomparsa nel rilassamento del corpo, una postura corporea eretta, e così ti senti più giovane. Non sembri più giovane, né lo sei ma ti senti ringiovanito.

Usare il linguaggio del corpo per mostrare agli altri quanto desiderosi ed attraenti (e disperati, probabilmente) siamo. Che i segnali siano intenzionali o involontari, il principio di base è enfatizzare le differenze per attrarre il sesso opposto.

Il Processo di Attrazione

Prima di tutto, c'è il contatto visivo. Quando una donna vede l'uomo che le piace, cattura la sua attenzione servendosi dello sguardo ma solo per pochi secondi. È un segnale subdolo ma l'uomo abbocca come un pesce e la fissa. Spera che lei lo guardi di nuovo. Dal canto suo, lei, potrebbe ripetere il processo svariate volte (in media tre), e l'uomo può poi corteggiarla.

Segue il Sorriso. Un sorriso appare in modo veloce e accennato tanto da far dubitare che ci sia mai stato. Poi, lei comincia a fargli mostra di ciò che ha da offrire. Incoraggiato dall'attrazione sessuale che lei ha dimostrato dopo aver catturato il suo interesse, l'uomo la avvicina e verranno scambiati convenevoli. Come puoi capire da questo processo, la donna ha dato inizio al flirt facendo capire all'uomo di essere interessata. Sono quasi sempre le donne a prendere l'iniziativa negli incontri amorosi, il 90% delle volte. Inviano segnali subdoli come il contatto visivo e sperano che il maschio da loro desiderato sia sveglio abbastanza da dare seguito alla cosa.

Tuttavia, gli uomini non sono molto bravi a cogliere i segnali più discreti, potrebbero infatti leggere un sorriso amichevole di una ragazza come un sorriso malizioso. A volte gli uomini non sentono nemmeno il bisogno di un invito a farsi avanti, ma a meno che la donna non sia disponibile, il corteggiamento è destinato a fallire.

Le donne potrebbero anche inviare segnali contrastanti se interessate. Questo da loro modo di valutare l'uomo confondendoli tanto da far in modo che non vadano oltre. Quindi i primi passi nel processo di attrazione sono un po' deboli.

Ma una volta superati questi, il Toccarsi avrà inizio. La donna cercherà un'opportunità per procedere facendo in modo che sembri un incidente. Potrebbero anche toccare ancora l'uomo se sembra che quest'ultimo non ne sia infastidito. Le donne hanno molti altri segnali di flirt con il solo scopo di evidenziare la loro attrazione sessuale. Alcuni esempi includono:

- Tenere polso tra le mani o esporre i polsi per mostrare sottomissione.
- Scuotere deliberatamente i fianchi camminando.
- Voltare la testa e toccarsi i capelli.
- Comportarsi come se si fosse più piccole di fronte all'uomo che le interessa.
- Accarezzarsi la gola o la coscia.

Se il linguaggio del corpo femminile nel flirtare suona inebriante come sembra, gli uomini non sono altrettanto bravi o creativi (mi dispiace amici). Questo perché di solito gli uomini mostrano segnali di potere, salute, ostatus sociale e, ancora, hanno difficoltà a dare o ricevere segnali di corteggiamento.

Un segnale che l'uomo potrebbe mandare è l'assumere la posizione con "il pollice nella cintura". Questa posizione ha lo scopo di mostrare autorità e predominio e allo stesso tempo di attirare l'attenzione sui suoi genitali. Potrebbe anche voltarsi verso una donna e puntare verso di lei con il piede. Se invece è seduto, potrebbe addirittura spalancare le gambe e aggiustarsi il cavallo del pantalone in pubblico.

Ma a volte non hai bisogno di farti notare o prendere iniziativa. A volte basta solo condividere azioni e stati d'animo o imitarsi a vicenda. Quando alle persone piacciono le stesse cose, tendono a sincronizzarsi. Quindi quando una persona trova qualcosa in comune con un'altra, si instaura una certa intimità tra loro. Costruiscono fiducia reciproca, connessione, e comprensione attraverso azioni simili e potrebbero imitarsi a vicenda con il tempo. Questo è un altro tipo di linguaggio del corpo: **l'Imitazione**.

Le donne sono molto più naturali nel leggere e cogliere i segnali, specialmente nell'imitazione. Hanno la tendenza di imitare anche le altre donne (molto più probabile del vedere uomini imitarsi l'un l'altro, in ogni caso). Ma se le donne sono più aperte ed espressive, gli uomini preferiscono avere un viso indecifrabile per mantenere qualche parvenza di controllo sulla situazione. Ciò non significa che gli uomini non provano emozioni forti quanto le donne, semplicemente a differenza loro preferiscono nasconderle.

Un altro motivo per cui il linguaggio del corpo è importante: un uomo può evitare che ciò che prova sia visibile sul suo viso ma non può controllare la sua postura. Alle donne che stanno leggendo, non provate a imitare la faccia o i sentimenti che credete lui possa provare. Mantenete l'espressione del vostro viso seria anche se non priva di emozioni come la sua.

L'imitazione gira intorno al costruire la fiducia e la comprensione reciproca. Serve a sentirsi simili, in maniera significativa. Perciò non è raccomandabile farlo se ci si trova in una posizione di inferiorità rispetto a loro, come un dipendente in un lavoro d'affari,

Conclusione:

In sintesi, per flirtare attraverso il linguaggio del corpo, ragazze, se i vostri segnali sembrano passare inosservati, provate a mandarne di più affinché li colga. E uomini, concentratevi meno sulle vostre tattiche e cercate di individuare i segnali che le donne cercano di mandarvi.

Capitolo 7: Come usare il Linguaggio del Corpo a tuo Vantaggio (o come usarlo con sicurezza)

Ora che abbiamo imparato ciò che c'è da sapere sul linguaggio del corpo e sui suoi usi, perché non imparare ad usarlo a tuo vantaggio?

Prima di tutto, il linguaggio del corpo non riflette le tue emozioni. Spesso ne è la causa. Imparando come la tua postura, i tuoi gesti, l'espressione facciale e persino il tono di voce possono condizionare la tua mente, sarai molto più consapevole e riuscirai meglio ad influenzare il tuo umore ed essere sicuro di te stesso. Ciò tornerà utile anche nel fare discorsi in pubblico.

Posizione di Potere

Quando apri il tuo corpo in modo da occupare più spazio, potresti renderti conto di sentirti più sicuro in questa "Posizione di Potere". L'uomo ambizioso ma spensierato potrebbe serrare le proprie mani dietro alla testa con i piedi sulla scrivania. Un approccio più subdolo sarebbe quello simile ad un gangster, ingobbito con i piedi allargati e le mani sui fianchi.

In uno studio è stato dimostrato (da AmyCuddy e le sue colleghe all'Harvard Business School) che gli studenti svolgevano colloqui di lavoro migliori se prima del colloquio avevano passato due minuti in posizioni di potere da seduti o all'in piedi. È anche stato provato che passare del tempo mantenendosi in queste posizioni di potere aumenti il testosterone, l'assunzione di rischi, la sopportazione del dolore e la fiducia nelle proprie capacità di leader. Possono anche calmare i nervi se accompagnate da una respirazione calma.

No ai dispositivi palmari

Anche le dimensioni del computer che usi possono cambiare la tua postura, che tu ci creda o no. In un altro studio Cuddy e MaartenBos hanno scoperto che le persone che usano un laptop o un PC hanno una postura più aperta rispetto a chi usa un tablet o uno smartphone. In altre parole, le dimensioni del tuo apparecchio sono importanti e possono influire sul tuo umore e sulla tua confidenza.

Se preferisci usare telefoni o tablet, passa del tempo lontano da loro. Senza loro a distrarti, puoi concentrarti e organizzarti e diventerai più sicuro rispetto a quando passavi il tempo curvato su un touchscreen. Questo è molto utile per incontri di lavoro importanti o telefonate.

Fa attenzione alla tua espressione facciale

Adesso sai quanto è importante la tua postura, ma la tua espressione facciale è ugualmente importante. Non solo rende i movimenti più genuini, ma può aiutare a migliorare anche il tuo umore. Alcune persone potrebbero accorgersi di diventare più ottimisti e di portare alla mente ricordi più felici quando sorridono di più. Se ti comporti come se fossi felice e sicuro di te, ti ritroverai a sentirti così davvero.

Purtroppo lo stesso vale se ti senti giù di molare e triste. Passare ore davanti a uno schermo potrebbe influenzare il tuo umore e l'umore di chi ti circonda. Se ti ritrovi in questa situazione, fa un respiro profondo e "resetta" il tuo umore. Vuoi che gli altri ti vedano sorridere, non accigliarti.

La gestualità nel parlare

I movimenti delle mani durante dei discorsi potrebbero sembrare una stranezza ma aiutano a guidare il nostro processo mentale.

È stato dimostrato che le persone riuscivano a spiegare meglio i problemi di matematica e a ricordare una serie di lettere *allo stesso tempo* quando lasciavano che le loro mani si muovessero mentre parlavano. È probabile che la metà matematica del problema sia meno onerosa dovendo "esternare e visualizzare informazioni importanti", quindi il resto del pensiero cognitivo può rientrare nel ricordare le lettere.

Inoltre, gesticolare mentre si parla aiuta a fare una buona impressione sul pubblico. I presentatori sono giudicati più efficienti e competenti se gesticolano rispetto a quelli che non lo fanno. Sentiti quindi libero di indicare e gesticolare mentre parli, assicurati solo che i gesti abbiano un senso e non siano casuali.

Per sintetizzare, per fare un uso ottimale e sicuro del linguaggio del corpo sii sempre sicuro di te ed ottimista. Quando sei stressato ed ansioso ciondoli e ti accigli. Rompi le cattive abitudini aprendo la tua postura e stando dritto. Sorridi di più e sorriderai di più.

www.ingramcontent.com/pod-product-compliance
Lightning Source LLC
Chambersburg PA
CBHW071242020426
42333CB00015B/1596